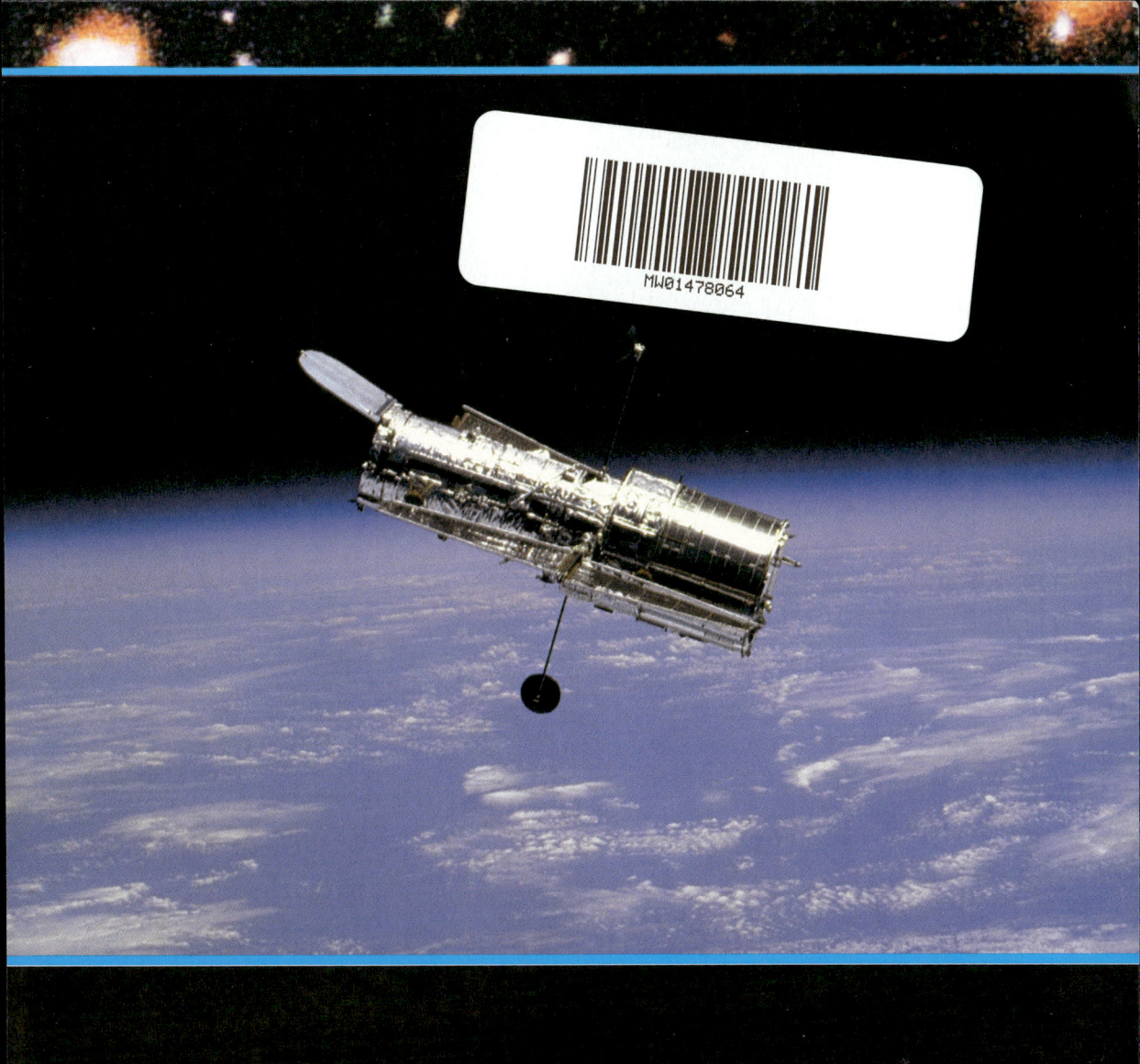

Mira el cielo

Contenido

Observar el espacio 3
La construcción del Hubble...5
El lanzamiento 8
Las primeras imágenes...........9
Descubrimientos
del Hubble 12
Glosario 15
Índice 16

Observar el espacio

¿Qué ves cuando miras el cielo nocturno? ¿Alguna vez te has preguntado qué hay en el espacio? Si lo has hecho, compartes tu inquietud con grandes pensadores y científicos.

Hace unos 400 años, un matemático y **astrónomo** llamado Galileo miró de una manera nueva el cielo. Usó un **telescopio**. Un telescopio es un instrumento que hace que los objetos lejanos parezcan estar más cerca. Con su telescopio, Galileo pudo ver más claro que nunca antes la Luna, los planetas y las estrellas. Los científicos han mejorado los telescopios desde la época de Galileo.

telescopio

Cuando miras el cielo a través del telescopio, puedes ver en el espacio.

3

A veces es difícil observar el espacio con un telescopio desde la Tierra. Las nubes pueden ocultar el cielo nocturno. Las luces brillantes de las ciudades pueden dificultar que se vean las estrellas y los planetas. El movimiento del aire en la **atmósfera** de la Tierra también puede bloquear nuestra vista de los objetos en el espacio.

En 1946, un astrónomo llamado Lyman Spitzer tuvo una gran idea. Sugirió que se enviara un telescopio al espacio. Los científicos tenían la esperanza de que un telescopio como éste podría ayudar a las personas a comprender mejor el espacio y el universo. Comenzaron a planear el primer telescopio casi veinticinco años después de que Spitzer tuviera la idea.

espejo principal

Cómo funciona el telescopio Hubble

El Hubble es un telescopio de reflexión. Su espejo principal de 8 pies de ancho recoge la luz y el espejo pequeño ayuda a **enfocar** la luz. Ambos espejos están dentro de un tubo largo y hueco.

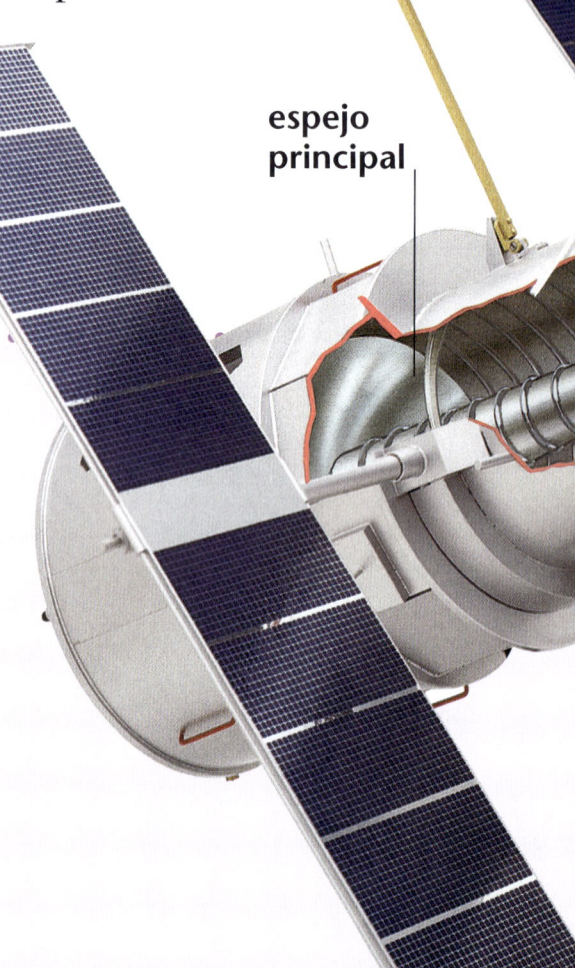

La construcción del Hubble

Los científicos llamaron a este primer telescopio el telescopio espacial Hubble (HST, por sus siglas en inglés) o el Hubble. Se necesitó mucha imaginación y años de planificación para construir el Hubble. Los científicos comenzaron a planear el telescopio a principios de los años 1970. Diseñaron espejos especiales, cámaras y otros equipos necesarios para el telescopio.

espejo pequeño

tubo largo y hueco

Edwin Hubble
El telescopio espacial Hubble recibió su nombre en honor a Edwin Powell Hubble, uno de los más grandes astrónomos estadounidenses. En los años 1920 y 1930, él hizo muchos descubrimientos importantes acerca del espacio y el universo.

El espejo medía 8 pies de diámetro y pesaba más de 1,700 libras.

    El gobierno de Estados Unidos decidió en 1977 asignar dinero para construir el Hubble. Un grupo de países europeos y Canadá también acordaron hacerlo. Hacia 1985, miles de personas trabajaban en la construcción del telescopio.

    Estados Unidos y Europa trabajaron en conjunto para diseñar y construir el Hubble. Europa construyó cámaras especiales y paneles con células de energía solar. Estados Unidos se ocupó de los espejos del telescopio, así como de otros instrumentos científicos.

Los científicos tuvieron que resolver muchos problemas al construir el Hubble. Tenía que ser lo suficientemente fuerte como para lanzarlo al espacio. Los científicos tenían que construir equipos especiales para poder controlar el telescopio desde la Tierra.

La construcción tomó más tiempo y dinero de lo planeado. El Hubble estuvo finalmente listo para el lanzamiento luego de trece años de trabajo duro y costó unos $2,200 millones.

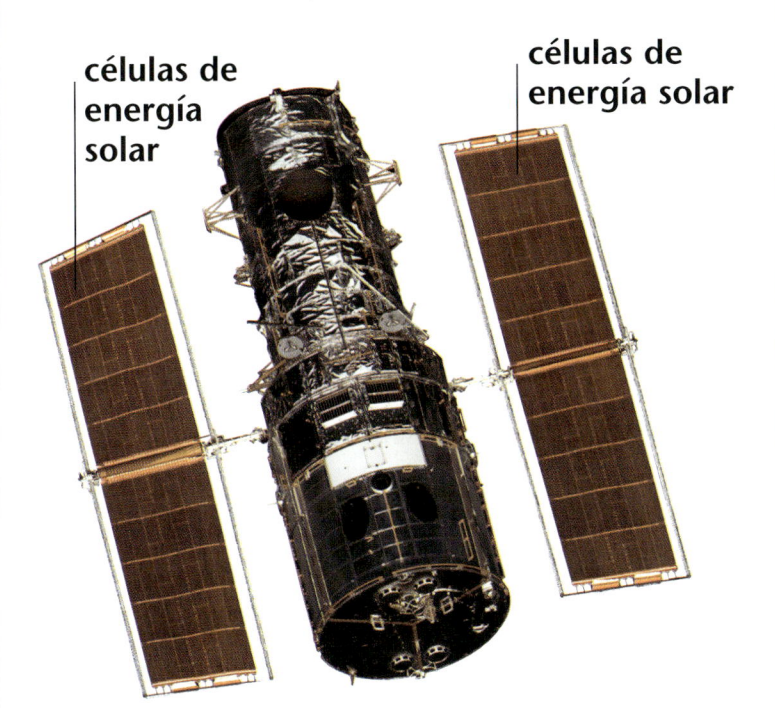

células de energía solar

células de energía solar

Los científicos tuvieron que diseñar los paneles con células de energía solar de modo que fueran ligeros, grandes y flexibles.

Así se veía el telescopio Hubble antes de llevarlo al trasbordador espacial.

El lanzamiento

El trasbordador espacial *Discovery* partió de la Tierra el 24 de abril de 1990. Se lanzó desde el Centro Espacial Kennedy en Florida. En el **compartimiento de carga** del *Discovery* estaba el telescopio espacial Hubble. El trasbordador llegó al día siguiente al lugar designado. Estaba listo para poner al Hubble en el espacio. Los **astronautas** usaron un brazo robot llamado Canadarm para colocar el telescopio en el espacio.

Ya en el espacio, el Hubble comenzó a **orbitar** alrededor de la Tierra. Estaba lejos de la atmósfera y las luces brillantes de la Tierra. Los astrónomos esperaban que el Hubble pudiera "ver" lejos en el espacio, para poder enviar **imágenes** claras a la Tierra.

Las primeras imágenes

Los astrónomos esperaron casi un mes para ver las primeras imágenes del nuevo telescopio. Eso se debió a que los científicos en el **centro de control** del Hubble en Maryland tuvieron que ajustar el telescopio. Ayudaron a enfocar el telescopio por control remoto.

Finalmente, el 20 de mayo de 1990 los astrónomos recibieron las primeras imágenes. Las computadoras del Hubble enviaron las imágenes a un satélite, que las envió a su vez a un centro científico en Estados Unidos. ¡Se había tardado 44 años en llegar a este momento! Sin embargo, las primeras imágenes no fueron muy claras.

Científicos trabajan en el centro de control en Maryland.

Datos del Hubble
El Hubble tiene casi el tamaño de un ómnibus escolar grande o un camión tanque. En el suelo pesaría más de 25,000 libras, pero en el espacio no pesa nada. El Hubble orbita la Tierra una vez más o menos cada 97 minutos.

Los astrónomos estudiaron las imágenes con cuidado. Algo andaba mal. Descubrieron un problema con el espejo principal del telescopio. Su forma era incorrecta. El tamaño del error era menor que el ancho de un cabello humano. Este diminuto error hacía que las imágenes fueran borrosas.

Los científicos de Estados Unidos y Europa trabajaron juntos para resolver el problema. Crearon un conjunto de espejos llamado COSTAR para reparar el espejo principal. Estos espejos servirían de "espejuelos" al Hubble. El COSTAR estuvo listo para la misión de mantenimiento de diciembre de 1993.

En la primera misión de mantenimiento, el astronauta Jeff Hoffman ayudó a reparar el Hubble.

antes de COSTAR

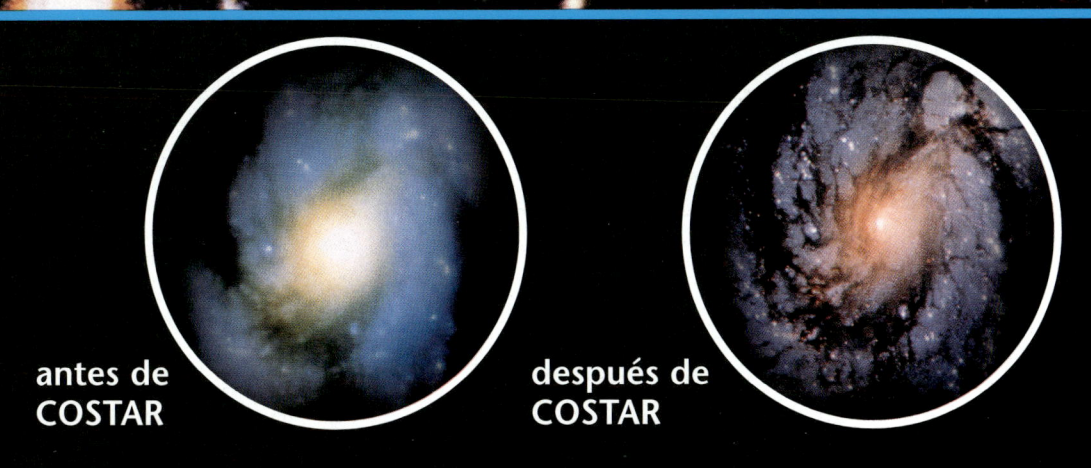

después de COSTAR

Estas fotos de la **galaxia** espiral M100 muestran cómo las reparaciones mejoraron las imágenes.

Durante la misión de diciembre de 1993, los astronautas estadounidenses y europeos colocaron en su lugar el COSTAR y una nueva cámara, y también hicieron muchas otras reparaciones. Su trabajo hizo que las nuevas imágenes fueran mucho más claras.

Los astronautas han realizado más misiones de mantenimiento del Hubble desde 1993. Los ingenieros que diseñaron el telescopio habían planeado de antemano las reparaciones y las mejoras. Diseñaron el exterior del telescopio con armarios y gavetas. Estas partes podían abrirse y cerrarse rápidamente. Esto hizo más fácil el trabajo de reparación para los astronautas en el espacio.

Entrenamiento de astronauta

Los astronautas se preparan durante cientos de horas antes de cada misión de mantenimiento del Hubble. Parte de su entrenamiento es en aguas profundas. Esto se debe a que la sensación de flotar dentro del agua es parecida a la de hacerlo en el espacio.

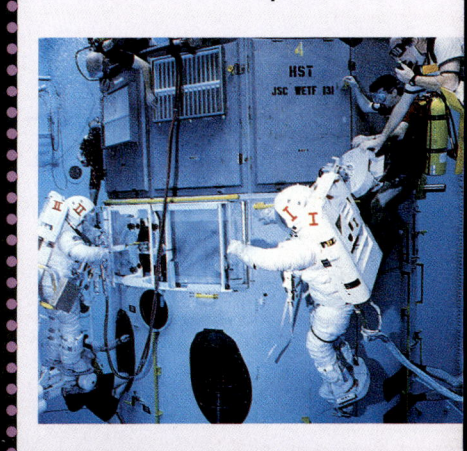

Descubrimientos del Hubble

Los astrónomos de muchas partes del mundo usan los **datos** del telescopio espacial Hubble. Aprenden sobre objetos del espacio que el Hubble muestra con gran claridad y detalles. Algunos de estos objetos nunca se habían visto antes del Hubble.

Todos los años, más de 1,000 científicos de muchos lugares del mundo solicitan usar el Hubble y sólo se permite hacerlo a 300 de ellos. Estos científicos trabajan con equipos de técnicos en tierra en el centro de control. Le indican al Hubble hacia dónde apuntar para tomar las fotos.

En esta imagen del planeta Júpiter tomada por el Hubble, puedes ver las tormentas en su atmósfera.

la tormenta de la Gran Mancha Roja

Algunos astrónomos usan el Hubble para estudiar objetos cercanos a la Tierra, como los planetas de nuestro sistema solar. Otros astrónomos pasan su tiempo observando objetos más distantes, como las galaxias. También estudian las diferencias entre las estrellas nuevas y viejas. Los astrónomos han descubierto lugares en el espacio donde se forman estrellas nuevas.

Esta imagen del Hubble muestra los extraordinarios inicios de las estrellas nuevas.

La información del Hubble también permite a los científicos determinar la edad y el tamaño del universo. Creen que el universo tiene alrededor de 13,000 millones de años.

El Hubble continuará su trabajo por lo menos hasta el año 2010. Entonces se le reemplazará con otro telescopio espacial llamado Webb. Estos poderosos telescopios continuarán abriendo nuestros ojos al espacio.

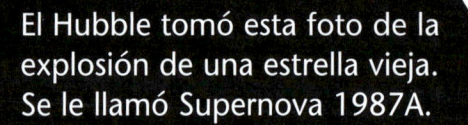

El Hubble tomó esta foto de la explosión de una estrella vieja. Se le llamó Supernova 1987A.

El telescopio espacial Hubble

- **1946** El astrónomo Lyman Spitzer sugiere enviar un telescopio al espacio.
- **1977** Las agencias espaciales de Estados Unidos y Europa asignan dinero para construir el Hubble.
- **1990** Se lanza el Hubble al espacio. Se descubren problemas con el espejo.
- **1993** Se añade COSTAR al Hubble para reparar el espejo.
- **1993** Miles de astrónomos comienzan a usar el Hubble y a hacer importantes descubrimientos acerca del espacio.

Glosario

astronautas — personas que viajan al espacio

astrónomo — científico que estudia el espacio

atmósfera — el aire que rodea a la Tierra

centro de control — lugar desde donde los científicos siguen la trayectoria del Hubble y realizan otras operaciones

compartimiento de carga — parte de un trasbordador espacial donde se guardan equipos y puede abrirse para colocar los equipos en el espacio

datos — información

enfocar — concentrarse en algo

galaxia — un enorme grupo de estrellas

imágenes — fotos de algo

orbitar — girar en una trayectoria alrededor de algo

telescopio — instrumento científico que hace que los objetos lejanos parezcan cercanos

Índice

astronautas 8, 10–11
   entrenamiento 11
astrónomo 3, 4, 5, 8, 9, 10,
   12, 13, 14
brazo robot 8
Canadarm 8
COSTAR 10, 11, 14
Discovery 8
estrellas 3, 4, 13, 14
Galileo 3
Hubble, Edwin Powell 5
Júpiter 12
planetas 3, 4, 12, 13
Spitzer, Lyman 4, 14
telescopio 3, 4, 14

telescopio espacial Hubble
   cámaras 5, 6, 11
   centro de control 9, 12
   comienzos 4–7
   espacio, en el 8
   espejos 4, 5, 6, 10–11, 14
   imágenes 9–13
   lanzamiento 8
   paneles de células de
      energía solar 6, 7
   planificación 4–5
   reparaciones 10–11
trasbordador espacial 8

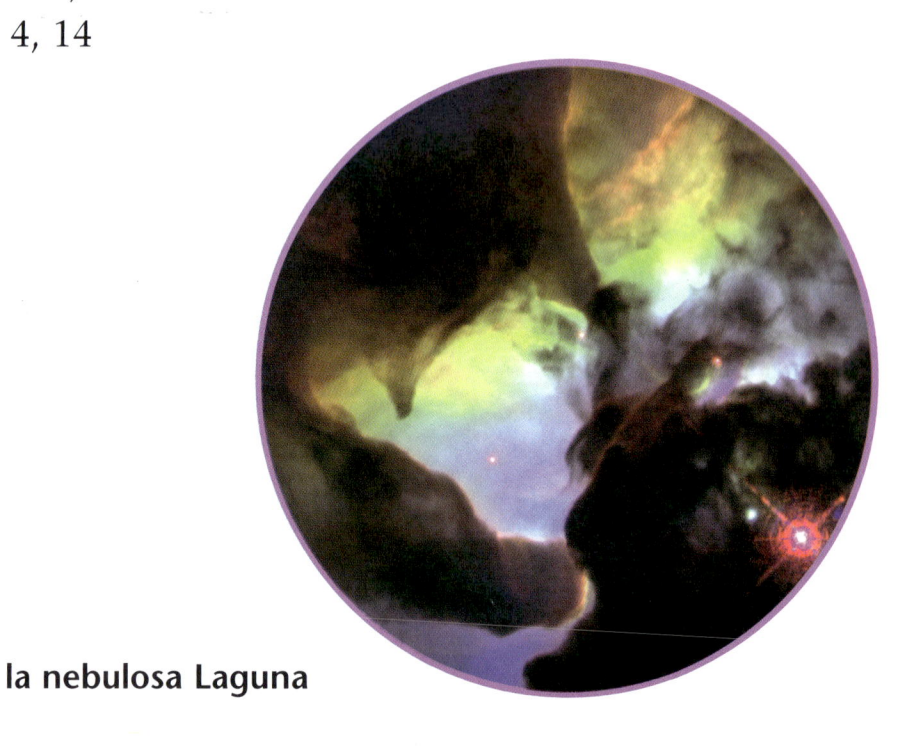

la nebulosa Laguna